Looking

Das Buch des Lebens

LÖ–WE

Impressum

Aus dem Originaltitel
Looking: The book of life

© 2020
LÖ–WE

Verlag: Plo-we Publishing,
Köln Deutschland

ISBN: 978-3-938600-79-5

Über den Autor

Der Name „LÖ–WE" wird englisch ausgesprochen.
Daher ist der Umlaut über dem Buchstaben „O"
stumm. Der Bindestrich zwischen dem 'LÖ" und
dem „WE" entspricht der Aussprache des Namens
und wie er geschrieben wird; er ist symbolisch.

Danksagung

Ich bin sehr dankbar für die Inspiration und die Vision, die ich bekommen habe.

Vorwort

Dieses Buch führt Sie auf eine visionäre Reise, die Ihren Horizont erweitern und Ihnen ein besseres Verständnis des Lebens geben wird. Willkommen an Bord!

Einleitung

Stellen Sie sich eine Treppe vor, deren Stufen nummeriert sind und jede Stufe einen Zeitabschnitt symbolisiert. Sie befinden sich ganz am Anfang der Zeit, und trotzdem beginnt die Treppe mit der zweiten Stufe. Was ist mit der ersten Stufe geschehen?

Die Zeit kann nur an einem Punkt begonnen haben, an dem sie selber noch nicht existiert hat. Daher gab es vor der Zeit die Zeitlosigkeit, die eine getrennte Realität ist. Wie die Schwerelosigkeit, die einen Zustand ohne Schwerkraft darstellt, ist die Zeitlosigkeit ein Zustand ohne Zeit. Die fehlende erste Stufe der Treppe symbolisiert die Zeitlosigkeit. Der Zustand der Zeitlosigkeit fungiert als Grundlage für die Zeit. Die Reise, auf die wir uns gerade begeben, beginnt mit der Zeitlosigkeit, als das Universum und das Leben in der Entstehung waren.

Es liegt in der Natur des Lebens, im Innen zu beginnen, bevor es sich im Außen manifestiert. Dies zeigt sich beispielsweise im Ei, in der Gebärmutter, im Samen oder schlicht in Dingen, die in der Vorstellungskraft beginnen. Das gleiche Prinzip trifft auf die Bildung des Universums zu – es kam von innen nach außen heraus.

Die Entstehung des Universums und des Lebens sind mit unseren tiefsten Wurzeln verbunden. Deswegen wird die Grundlage zuerst festgelegt. Wir wollen also die Bedeutung sowie den Weg des Lebens erforschen, indem wir einen schnellen Blick in dessen innere und dann äußere Geschichte werfen.

Die Vision

1) Im Anfang gab es die Nichtexistenz. Die Nichtexistenz ist der Zustand, bevor das erste Etwas existierte. Sie ist ein Zustand, der nicht und paradoxerweise doch ist. Sie ist daher ein indirekter Zustand. Da es einen nicht existenten Zustand gab, gab es Leere. Und wo es Leere gibt, gibt es Raum, denn mit der Leere entsteht der Raum. Paradoxerweise ist Raum ein Etwas. Und wenn etwas existiert, gibt es Existenz. Also gab es im Anfang sowohl einen indirekten Zustand der Nichtexistenz als auch einen direkten Zustand der Existenz.

2) Die Nichtexistenz ist ein abstraktes Potenzial an sich, weil sie die Entstehung von Existenz ermöglicht hat. Sie reagierte auf die Leere, indem sie Existenz initiierte. Dies war eine reflexartige Reaktion sowie ein Akt des Tuns, der ebenfalls eine Fähigkeit darstellt. Die Existenz erwiderte also, indem sie entstand.

Die Fähigkeit zu erwidern sowie über natürliches Können und Potenziale zu verfügen, ist die Basis des Lebens. Deshalb gab es im Anfang schon Leben.

3) Nichtexistenz und Existenz standen also im Gegensatz zueinander, sie bildeten jedoch eine Balance und eine Einheit. Nichtsdestotrotz sind sie individuelle Ausdrucksformen. Wie die beiden Seiten einer Medaille existieren Nichtexistenz und Existenz nebeneinander und ergänzen sich. Diese ausgleichende Form gab den Ton des Daseins an, der zum grundlegenden Standard wurde. Damit ist alles dafür, was mit diesem Standard harmoniert, und im Gegensatz dazu ist alles dagegen, was nicht mit ihm harmoniert.

Die Macht

4) Wenn irgendetwas existiert, gibt es also etwas, was diese Existenz ermöglicht hat. Dieses Etwas hat Macht oder es ist von Macht begleitet. Macht lässt Dinge geschehen. <u>Macht ist ein fundamentaler Aspekt des Seins.</u>

5) Die Nichtexistenz hat eine Macht, die von Natur aus imaginär ist, und die Macht, sich etwas vorzustellen. Deren imaginäre Macht ist auch ein Paradoxon, insofern als dass sie nicht da ist und doch da ist. Es ist wie etwas, das wir weder sehen noch berühren können, dessen Präsenz jedoch spüren. Die Nichtexistenz ist also auch eine Wahrnehmung. Macht ist der Effekt von Existenz und Nichtexistenz und kann direkt oder indirekt auf uns einwirken.

Die Liebe

6) Die Tatsache, dass etwas aus der Nichtexistenz entstanden ist, ist nicht nur ein Paradoxon, sondern auch ein Wunder. Daher beinhaltet die Nichtexistenz kreatives Potenzial, welches ebenso die Basis der Vorstellungskraft ist. Das Wunder war bedingungslos, weil es unabhängig von Bedingungen oder der Erwartung einer Belohnung geschah. Es geschah in aller Reinheit und deshalb aus Liebe. Liebe ist also eine Einstellung, sowie eine Macht, ein Grund und ein Potenzial.

7) Dank des Wunders gibt es Liebe. Daher sind Nicht-Existenz und Existenz gute Eigenschaften aufgrund der Reinheit der Liebe, die Teil von ihnen ist. Die Liebe hat die Atmosphäre im Universum stimuliert. Sie war die erste Emotion und eine Form des Lebens. <u>Die Liebe ist ein fundamentaler Aspekt des Seins.</u>

Der Raum

8) Damit etwas entsteht, muss Raum vorhanden
sein. Durch den Raum drückt sich alles aus. Mit ihm
kamen die Möglichkeiten. <u>Der Raum ist fundamental
für das Dasein.</u> Für die Dinge, von denen wir wollen,
dass sie in unserem Leben geschehen, müssen wir
zunächst Platz machen, sei es in unserem Kopf, in
unserem Herzen oder anderswo.

9) Die Existenz hat Raum erhalten, wohingegen die
Nichtexistenz diesen auf imaginäre und indirekte
Weise erhalten hat. Wo es Existenz gibt, gibt es
Raum und ebenso einen Ort dafür. In irgendeiner
Form gab es immer einen Ort, denn Nichtexistenz
und Existenz mussten irgendwo sein. Ein Ort stellt
den „Wo-Aspekt" des Seins dar. Er positioniert
Dinge.

Dabei können manche Dinge ihren Sinn und ihre Schönheit verlieren, wenn sie sich am falschen Ort befinden. Würden sich einige unserer Körperteile an anderer Stelle befinden, würden sie anormal aussehen, denn sie wären nicht da, wo sie sein sollten. Wie der Raum ist der Ort Teil von allem. Nichtexistenz und Existenz befinden sich an zwei getrennten Orten. Diese Orte sind zwei universelle Welten, die hier entsprechend die „Nichtsein-Welt" und die „Sein-Welt" genannt werden.

10) Wenn Dinge, die gegensätzlich sind, sich einander ausgleichen, gibt es immer eine neutrale Stelle, wo sie sich miteinander verbinden. Sie ist wie der Mittelpunkt zwischen zwei Extremen. Es gibt auch eine neutrale Verbindung zwischen Nichtexistenz und Existenz. Sie bildete sowohl ein neutrales Potenzial als auch eine neutrale Ausdrucksform in den gegensätzlichen Formen des Seins. Im Anfang gab es also Nichtexistenz, Existenz und Neutralexistenz. Mit Neutralexistenz gab es gleichfalls eine „Neutralsein-Welt".

11) Während das Ausbalancieren der Gegensätze die Voraussetzung des Seins bildete, vervollständigte die neutrale Verbindung die Balance. Das Universum ist grundsätzlich durch diese dreifache Grundlage ausbalanciert. Basierend auf dieser Grundlage ist ein universelles „Gesetz" der Balance etabliert. <u>Die Ausbalancierung der Gegensätze ist die fundamentale Ordnung für das Sein.</u> Das bedeutet, dass alles, was existieren soll, dieses Kriterium erfüllen muss.

Die Effekte

12) Alles, was geschah und alles, was geschieht oder geschehen wird, hat einen Effekt. <u>Effekte sind ein fundamentaler Aspekt des Seins.</u>

13) Wenn unsere Träume intensiv sind und real erscheinen, werden einige ihrer Auswirkungen wie beispielsweise Tränen oder Freude, manchmal von unserer inneren Realität in die äußere Realität hineingetragen. In ähnlicher Weise – jedoch nicht in einem Traum – erschien das, was im Anfang eine imaginäre Natur hatte, so real, dass Effekte nach außen projiziert wurden. Somit manifestierte sich das „physische Universum".
Schauen wir uns nun alles etwas detaillierter an!

(Absätze 14 – 46 befassen sich mit der Entstehung des Universums. Diesen Abschnitt kann man überspringen und zu einem späteren Zeitpunkt lesen.)

Das Universum

14) Nichtexistenz ist unsichtbar, obwohl sie vorstellbar ist. Existenz, zum Gegensatz, ist sichtbar. Sichtbarkeit ist ein Effekt des Lichts, so wie das Licht selbst ein sichtbarer Effekt ist. Es gibt natürliches Licht, wenn die Sichtbarkeit durch nichts behindert wird. Das Licht war im Inneren präsent ohne eine Quelle zu benötigen, wie zum Beispiel eine Sonne oder ein Stern. Basierend auf dem Prinzip, „Wer zuerst kommt, mahlt zuerst", besetzte das Licht den Raum der Existenz.

15) Der unsichtbare Zustand der Nichtexistenz wurde durch den sichtbaren Zustand der Existenz ausgeglichen. Es gab jedoch keinen Gegensatz, um das Licht selbst auszugleichen. Und obwohl Licht Sichtbarkeit bewirken kann, ist es keine Sichtbarkeit an sich.

Also benötigte das Licht die Dunkelheit als ausbalancierenden Gegensatz, um sich dem Standard des Daseins anzupassen und mit ihm zu harmonisieren. Da die Dunkelheit noch nicht existierte, erfüllte das Licht diese Voraussetzung nicht. Aufgrund dessen reagierte das Licht und verschwand.

16) In der Abwesenheit des Lichts wurde es dunkel. Die Dunkelheit besetzte damit den Raum. Mit dem Vorhandensein der Dunkelheit entstand der Gegensatz von Licht, und das Licht erschien sofort wieder. Dies wiederum bewirkte, dass die Dunkelheit im Raum blieb und sichtbar wurde. Der Raum teilte sich dann in zwei gegensätzliche Bereiche.

17) Es war notwendig, dieses Gleichgewicht beizubehalten, damit beide, Licht und Dunkelheit, weiterexistieren konnten. Dies hat eine Atmosphäre des Teilens und der Einheit, sowie eine Form der Kommunikation zustande gebracht.

18) Da Licht und Dunkelheit Gegensätze waren, erreichten sie die erste Voraussetzung für ihre Balance. Wie Tag und Nacht bildeten Licht und Dunkelheit die Grundlage und den Charakter ihrer jeweiligen Seite. Als Gründerelemente der Existenz waren Licht und Dunkelheit gute Eigenschaften und gute Energien.

Bewegung

19) Das Erscheinen, Verschwinden und das Wiedererscheinen des Lichts bedeutet, dass es zweimal erschien. Dies gab dem Licht mehr Macht. Darüber hinaus erzeugten die Bewegungen des Lichts eine Kraft, die einem Bogen ähnelt, der gespannt und losgelassen worden ist. Mit dieser zusätzlichen Macht, war das Licht in der Lage, die Dunkelheit zurückzudrängen, als es in den Raum der Sein-Welt zurückkehrte. Macht gab dem Licht Stärke und Potenzial und machte es zu einem dominanten Element.

20) Licht war das Erste, das existierte. Aber da es den Raum verlassen hatte und die Dunkelheit nicht, hatte die Dunkelheit sich zuerst etabliert. Dies verlieh der Dunkelheit eine andere Form der Dominanz. <u>Dominanz ist ein fundamentales Attribut der Macht.</u>

21) Aufgrund der Tatsache, dass das Licht erschien, verschwand und wiedererschien, wurde die Energie der Bewegung im Raum erzeugt.

Temperatur

22) Anfangs war es weder kalt noch heiß. In Abwesenheit dieser beiden Zustände entstand eine neutrale, warme Temperatur. Etwas, was ursprünglich neutral ist, kann allein existieren, weil es direkt oder indirekt zwei gegensätzliche Seiten einschließt oder verbindet. Nach dem Prinzip „Wer zuerst kommt, mahlt zuerst" nahm das Licht – welches als erstes sichtbar im Raum erschien – die erste Temperatur an, die vorhanden war. So verband sich die Wärmeausstrahlung als Attribut mit dem Licht.

23) Als das Licht den Raum verließ, ging die warme Temperatur mit ihm. Der Raum wurde daher kalt, als die Dunkelheit erschien. Die Dunkelheit, die in diesem Moment allein war, hatte Priorität und nahm die Natur der Kälte als ihr Attribut an.

24) Licht und Dunkelheit waren zwei gegensätzliche Seiten. Als das Licht zurückkehrte, besaß der Raum jedoch ein kaltes und ein warmes Milieu. Der Raum wurde dadurch instabil, denn Kälte und Wärme waren weder Gegensätze noch standen in Harmonie.

25) Obwohl es keine heiße Temperatur gab, war dort, wo es Licht gab, etwas Hitze vorhanden. Dies erlaubte der Kälte, vorübergehend zu bleiben. Es änderte jedoch nichts daran, dass Wärme und Kälte keinen Gegensatz bildeten. So blieb die Instabilität vorerst weiterbestehen.

Erweiterung

26) Wie eine Hin- und Herbewegung erzeugte das Erscheinen, Verschwinden und das Wiedererscheinen des Lichts eine windähnliche Energie. Mit der vorhandenen Instabilität und den windähnlichen Energien baute sich auf beiden Seiten des Raums Spannung auf.

27) Da, wo die beiden Seiten aufeinandertrafen, baute sich durch die Spannung und Reibung eine Grenze auf. Die Grenze diente auch als Schutz, wodurch das Licht und die Dunkelheit im Gegensatz zueinander gehalten wurden.

28) Durch die Bewegungen und die Spannung wurde das warme Milieu heiß. Aufgrund der Hitze und der Kälte entstand eine Zirkulationsbewegung auf den jeweiligen Seiten des Lichts und der Dunkelheit.

Die Zirkulation löste Rotation sowie weitere Effekte und Potenziale aus. Der Raum, den das Licht einnahm, wurde somit durch zahlreiche Energieformen stark stimuliert.

29) Aufgrund dieser Stimulation, Hitze, windähnlicher Energien und Rotation erreichte die Intensität auf der Seite, die das Licht einnahm, ihren Gipfel. Es entstand ein dringender Bedarf nach mehr Platz. Da dieser nicht vorhanden war, brach die Seite, die das Licht einnahm wie ein Vulkan aus.

30) Der Ausbruch der Eruption geschah auf imaginäre Weise auf der inneren Seite. Durch ihre Intensität und ihre Energie wurden das Licht und die Dunkelheit jedoch wie die Auswirkungen eines intensiven Traumes nach außen projiziert. Hiermit kam das Universum von innen nach außen heraus und brachte die Sein-Welt hiermit nach außen. Während es nach außen kam, wurde es unmittelbar zu einer physischen Welt, als Gegensatz zum Zustand des Universums im Inneren. Es war wie Wasser, welches sofort zu Eis wurde, nachdem es draußen in die eisige Kälte geworfen wurde.

31) Der Ausbruch der Eruption führte dazu, dass die Lichtelemente sich rapide ausbreiteten und so dem Licht Geschwindigkeit als Attribut verliehen. Durch die Raumerweiterung entstanden Entfernung und Dauer. Damit ist der Ursprung der Zeit entstanden. Zeit ist der „Wann-Aspekt" des Seins. Sie ist eine indirekte Macht.

Vereinigung

32) Die Energie, welche durch die Eruption ausgetreten war, war so kraftvoll, dass etwas davon durch die Grenze in die Dunkelheit eintrat. Heiße und kalte Elemente vereinten sich und interagierten, was zu verschiedenen Stimulationen und Kettenreaktionen führte. Dieser Vorgang erzeugte weitere Materie und Effekte.

33) Nachdem die Eruption geschah, hörte die Rotation auf. Ohne die Unterstützung der Rotationsenergie begann die Materie, die zu Festkörpern geworden war, zu fallen. Als sie fielen, kollidierten und zerbrachen einige von ihnen oder sie verschmolzen miteinander.

34) Als die Festkörper in der Dunkelheit tiefer fielen, kühlten einige äußerlich ab. Das heiße und das abgekühlte Milieu verbanden sich und lösten starke Zirkulationen in verschiedenen Bereichen der Dunkelheit aus. Dadurch wurde die Rotation erneut in Gang gesetzt.

Als die Zirkulationen stärker wurden, nahm die Rotation zu, und wurde stark und schnell genug, um die meisten der Festkörper innerhalb ihrer Rotationsfelder einzufangen und zu stützen. Die Festkörper im Universum „ruhten" in diesen Rotationsfeldern. Aus diesem Grund gibt es eine Zeit, sich auszuruhen. Einige der Festkörper fielen jedoch weiter und blieben als Reste in Form von Asteroiden und Ähnlichem zurück. Sie fügten der Bildung des Universums etwas Unregelmäßiges hinzu. Aus diesem Grund kann es manchmal zu Unregelmäßigkeiten im Leben kommen.

35) Die Festkörper, einschließlich jener, die zu Planeten wurden, verbanden sich mit der umgebenden Rotationsenergie. Die kontinuierliche Zirkulation verlieh dem Leben einen Fluss. Aus diesem Grund bewegt sich das Leben nicht nur vorwärts, sondern es zirkuliert auch. So wird der Tag zur Nacht und umgekehrt, während die Erde rotiert und kreist.

36) Während die Festkörper fielen, hinterließen sie riesige, tiefe Öffnungen in der Dunkelheit. Diese Öffnungen dehnten sich aus und verschmolzen, bis schließlich eine einzige gigantische Öffnung entstand. Darin befinden wir uns und die Vielzahl an Planeten und Galaxien des Universums.

37) Alles in der Sein-Welt des Universums hat in irgendeiner Form eine Veränderung durchlaufen. Nichts geschieht oder wird gebildet, ohne dass das Element der Veränderung einbezogen ist. <u>Veränderungen sind ein fundamentaler Aspekt des Seins.</u> Auch die Erde erfährt durch die Bewegungen der tektonischen Platten in der Erdkruste ständige Veränderungen.

Erfüllung

38) Aufgrund der Lichtelemente, welche in die Dunkelheit eintraten, wurde die Dunkelheit in zwei Teile geteilt. Somit entstand ein dritter Bereich, und die Voraussetzungen, um eine dreifache Balance zu vervollständigen, wurden erreicht. Zum Zeitpunkt, als die Balance etabliert war, wurden die drei Bereiche in der Sein-Welt zu drei Zonen:

> 1. Die Zone des Lichts (dargestellt durch die Sterne)
> 2. Die innere dunkle Zone (dort wo Lichtelemente eintraten)
> 3. Die äußere dunkle Zone

39) Das Zusammenkommen der gegensätzlichen Elemente verlieh der inneren dunklen Zone einen zweifachen Zustand. Daraus und aus dem individuellen Zustand der Zone des Lichts und aus der äußeren dunklen Zone, bildeten sich vier ausgleichende Pole. Diese vier Pole verstärkten die Balance.

40) Die Nichtsein-Welt und die Neutralsein-Welt haben das vierpolige System angenommen, das ihre eigene Balance verstärkte. Daher ist das Universum, obwohl es ein dreifaches Fundament hat, strukturell auch ausbalanciert durch eine Siebener-Einheit, das heißt 3 + 4, oder aus einer anderen Perspektive durch eine Zwölfer-Einheit, das heißt 3 x 4. Standardgemäß symbolisieren die Zahlen 7 und 12 die Grundstruktur des Universums. Manche Dinge werden anhand von Zahlen verstanden, wie es bei der 7 und der 12 der Fall ist.

41) Die Sein-Welt des Universums befand sich im Prozess der Ausbalancierung – und die Balance hatte höchste Priorität. Alles, was im Anfang stattfand, sowie alle Effekte und Standards hatten eine Funktion und einen Zweck. Sie waren alle natürlich und so bestimmt.

42) Aufgrund der Eruption leistete alles einen Beitrag und wurde mit Balance belohnt. Aus diesem Grund beinhaltet das Leben Belohnungen und es hat Konsequenzen, wenn die Balance verlorengeht.

Der Schall

43) Wie das Geräusch von Donner, dass erst nach dem Blitzeinschlag kommt, gab es kein unmittelbares Geräusch durch die Eruption des Ursprungs. Bevor also der Schall existierte, gab es die Stille. Als die Zone des Lichts ausbrach, gelangten die Vibrationen durch die Grenze und drangen in die innere dunkle Zone ein. In diesem Moment kam auch der Schall an und stellte einen ausgleichenden Gegensatz zu der Stille dar. Wie eine innere Stimme, die nicht von außen gehört wird, war der Schall jedoch indirekt. Trotzdem waren die Effekte, die er erzeugte, genauso als wäre er hörbar gewesen.

44) Der Schall bewegte sich fort, drang in die Umgebung ein und erzeugte dabei Frequenzen, Wellen und Klänge. Mit der Entfernung und der Zeit, veränderten die Klänge ihre Lautstärke, Intensität und Frequenz. Dadurch wurden Klanghöhe und Timbre erzeugt.

Aufgrund dieses Prozesses wurde der Eruption ein musikalischer Klang nebst einem nichtmusikalischen verliehen.

45) Die Energien und Frequenzen der Klänge verblieben in der inneren dunklen Zone und eröffneten damit zusätzliche Formen des Ausdrucks, der Kommunikation und des Potenzials. Daher ist die Musik sowohl ein Teil des Universums, als auch von uns. Das Leben verleiht jedem ein Lied. Wir können es singen, summen oder spielen.

46) Schauen wir uns an, wie sich die Elemente aus der Entstehung des Universums in unserem Leben spiegeln und in Erscheinung treten.

Fundamentale Aspekte

– Die Balance

47) Die fundamentalen Aspekte sind die
Voraussetzungen und die Standards der Existenz.
Aus diesem Grund ist die Entstehung des
Universums Teil unserer Wurzeln und die
Lebensgrundlage. Damit unser Leben bestens
funktionieren kann, muss es mit den fundamentalen
Aspekten harmonieren. Diese sind ihrerseits
miteinander verbunden und harmonieren
untereinander.

48) Das System der Ausbalancierung der
Gegensätze spiegelt sich in natürlichen Dingen wider
und wird dadurch bestätigt, wie zum Beispiel im
Aufbau der äußeren Gestaltung des menschlichen
Körpers. Wir haben linke und rechte Augen,
Nasenlöcher, Ohren, Hände und Füße, die alle mit
dem Körper zu einer Einheit verbunden sind.
Genauso haben wir Körperteile, die oben und unten,
vorne und hinten, sowie innen und außen angeordnet
sind.

49) Das System der Ausbalancierung findet sich überall um uns herum. Es gibt Tag und Nacht, Wachsein und Schlafen, den Auf- und Untergang der Sonne und den zu- und abnehmenden Mond, vorher und nachher. Daneben gibt es Aspekte, wie das Ein- und Ausatmen und das Schlagen des Herzens, die betonen, wie wesentlich die Ausbalancierung ist. Beide dieser Aspekte müssen in bestimmten Rhythmen erfolgen, damit beides so funktioniert, wie es sein soll. Dies ist auch Teil der Musikalität, welche in uns allen liegt. Um Musik oder Rhythmus zu erzeugen, müssen die Töne oder der Takt harmonisieren. Die Musik lehrt uns Harmonie und zuzuhören.

50) Balance ist gesund und wesentlich. Sie ist auch stabilisierend und für ein allgemeines Wohlergehen notwendig. Balance ist nicht nur ein universeller fundamentaler Aspekt und ein System; sie ist auch eine natürliche Philosophie und ein Wert, den wir in allen Bereichen des Lebens erreichen und pflegen sollten.

51) Aus einer anderen Perspektive erfordert die Balance, dass wir gut für unseren Planeten und seine Bewohner sorgen und die Harmonie zwischen den beiden aufrechterhalten. Daher müssen wir verantwortlich sein und das Wohlergehen unseres Planeten und unserer Gesundheit gewährleisten.

– Veränderungen

52) Das Leben und das Universum sind mit dem Element der Veränderung verbunden. Veränderung bedeutet Bewegung, sowie das Leben Bewegung beinhaltet. Daher ist das Leben aktiv, sogar wenn es passiv ist, zum Beispiel, wenn man sich ausruht.

53) Das Universum kam von innen nach außen heraus. Aus diesem Grund werden manche Veränderungen in unserem Leben nur möglich, wenn sie zuerst innerlich in uns stattfinden. Daher kann unsere innere Haltung auch Veränderungen bewirken. Es gibt auch negative Veränderungen, aber jede Veränderung bewirkt etwas.

54) Da die Zeit und das Leben sich vorwärtsbewegen, ist Veränderung unvermeidlich. Daher gibt es Momente, in denen Flexibilität erforderlich wird. Ebenso gibt es Zeiten, um beständig zu sein.

Flexibilität fördert Kreativität, während Beständigkeit Einheitlichkeit fördert. Es gibt aber auch eine Zeit für Kompromisse. Die Zeit selbst verkörpert Veränderung.

55) Ab dem Zeitpunkt, an dem wir in diese Welt hineingeboren werden, bis zu der Zeit, in der wir alt werden, entwickeln und/oder verändern wir uns kontinuierlich. Das Älterwerden verändert uns und bereitet uns auf unterschiedliche Zeiten des Lebens vor, in denen wir persönliche Umstellungen durchlaufen müssen. Wir sollen auch Platz für Entwicklung in unserem Leben lassen.

56) Es gibt fundamentale Dinge, die sich nicht verändern und es ist richtig, dass sie es nicht tun. Denn einige Dinge sind festgelegt und müssen bestehen bleiben – und wir müssen sie dementsprechend respektieren. Mit der Zeit offenbart das Leben was verändert werden soll und was nicht. Und dies werden wir anhand der Ergebnisse erkennen, welche erzeugt werden.

– Die Liebe

57) Die Liebe ist wie ein Baum, der gute Früchte trägt. Obwohl ein gemeinsames Aroma die Früchte ihrem Baum zuordnet und mit ihm verbindet, hat jede Frucht ihren eigenen Geschmack.

58) Wie die Zweige eines Baumes gibt es viele Ebenen der Liebe. Daher kann die Liebe nicht auf Gefühle beschränkt werden. Denn sie wäre dann nur wie ein Zweig am Baum. Manchmal müssen wir die Wärme der Liebe spüren, den Klang der Liebe hören, den Geschmack der Liebe kosten, den Duft der Liebe riechen und die Liebe durch Taten sehen. Aber manchmal müssen wir wissen, dass die Liebe da ist, auch wenn sie nicht so offensichtlich ist. Zum Beispiel können wir leben, ohne hören, schmecken oder riechen zu können. Doch diese Sinne sind Teil unseres natürlichen Seins und bereichern unser Leben. Sie drücken eine Botschaft der Liebe aus.

59) Es gibt Früchte der Liebe, die wir weder durch einen unserer fünf physischen Sinne empfangen noch erkennen. Wir erleben einige von ihnen nur durch tiefere Formen der Wahrnehmung wie Inspirationen oder Visionen. Obwohl wir nicht immer artikulieren können, was wir wahrgenommen oder tief innerlich gespürt haben, ist uns allein die Präsenz der Liebe eine Bereicherung und eine Erfrischung. Tatsache ist, die Wurzeln der Liebe sind noch tiefer gelagert als die der Worte.

60) Mit der Liebe kommen der Friede und die Fairness. Je mehr Liebe unsere Welt erfährt und zeigt, desto mehr Frieden wird es geben.

– Dominanz

61) Wir haben von Natur aus eine dominante Seite. Wir sind zum Beispiel Rechts- oder Linkshänder. Dominanz kann jedoch in verschiedenen Formen auftreten.

62) Licht ist das erste Element in der Sein-Welt des Universums, welche das physische Universum ist. Da es jedoch zunächst kein ausgleichendes Gegengewicht hatte, verschwand es. In der Abwesenheit des Lichts wurde es dunkel. Mit dem Vorhandensein der Dunkelheit entstand der Gegensatz von Licht, welches mit einer Kraft ähnlich der eines gespannten und losgelassenen Bogens, sofort wiedererschien. Dies ermöglichte es dem Licht, den Raum wiederzuerlangen und zu teilen und somit zu einem dominanten Element zu werden.

63) Das physische Universum wurde Realität, als die Zone des Lichts wie ein Vulkan ausbrach. Aufgrund der Eruption traten Lichtelemente in die Dunkelheit ein und breiteten sich aus. Dies war die erste physische Interaktion zwischen Gegensätzen. Symbolisch gesehen wurde die Zone des Lichts zum Vater des Physischen. Basierend auf den Prinzipien des Universums sind der grundlegende Status, die Funktionen und die Potenziale der Zone des Lichts indirekt durch Männer reflektiert und symbolisiert. Ihre natürliche Fähigkeit, in das gegensätzliche Geschlecht hineinzugehen und es zu schwängern, versinnbildlicht dies. Auch die körperliche Dominanz an Schnelligkeit und Kraft der Männer ist von Natur aus vorhanden. Männer bilden die rechte Seite der menschlichen Balance.

64) Als Lichtelemente in die Dunkelheit eintraten wurde die Dunkelheit in zwei Zonen geteilt. Eine wurde zur äußeren dunklen Zone, die den Gegensatz zur Zone des Lichts bildete. Die andere wurde zur inneren dunklen Zone, welche die Lebensträgerin und die symbolische Mutter des Physischen war. Die innere dunkle Zone erhielt die Dominanz für empfängliche Fähigkeiten und Fürsorge.

Basierend auf den Prinzipien des Universums werden der grundlegende Status, die Funktionen und die Potenziale der dunklen Zonen indirekt von den Frauen reflektiert und durch sie symbolisiert. Frauen bilden die linke Seite der menschlichen Balance.

65) Es gab auch einen Effekt, der sich aus dem Miteinander-Teilen der Zonen während des balancierenden Prozesses des Universums ergab. Dies erlaubte einen verantwortungsvollen Austausch im Hinblick auf das Gleichgewicht und die Beziehungen. Männer und Frauen ergänzen einander und hiervon ist der Erhalt der Menschheit abhängig.

– Die Effekte

66) Etwas zu tun heißt etwas zu erschaffen, obwohl nicht alles, was getan wird, produktiv oder effektiv ist. Das Tun erzielt jedoch Resultate. Wir alle erschaffen etwas – und zwar einfach durch das, was wir tun. Und dies löst Wirkungen aus, nicht nur in unserem eigenen Leben, sondern manchmal auch im Leben anderer. Aus diesem Grund haben wir die Verantwortung für das, was wir tun.
Verantwortlichkeit ist ein Effekt, der zu allem, was wir erschaffen, und zu den Entscheidungen, die wir treffen, gehört. Entscheidungen zu treffen ist Teil des Seins. Vieles im Leben wird von diesen Entscheidungen bestimmt.

67) Alles, was große Verantwortung mit sich bringt, wird starke Effekte auslösen. Wenn sie also weder ordentlich erledigt noch ernst genommen wird, kann es zur Belastung werden. Wir müssen weise mit allem umgehen, was große Verantwortung erfordert.

– Belohnungen und Konsequenzen

68) Unsere Taten erzeugen Energie – so wie einiges einen Geruch, ein Geräusch oder andere Reaktionen erzeugen. Die erzeugte Energie kann kraftvoll oder wenig effektiv sein. Aktionen, die kraftvolle Energie erzeugen, fallen in die Kategorie Belohnungen oder Konsequenzen. Dies sind die bedeutungsvollen oder ernsten Dinge in unserem Leben. Belohnungen sind wie „Ersparnisse", die irgendwann „ausgezahlt" werden. Konsequenzen sind wie „Rechnungen" und müssen beglichen werden. Manchmal spielen die Gründe, die hinter unserem Tun stehen, eine Rolle bei der Bestimmung der Auswirkungen auf die Belohnungen und Konsequenzen. Aktionen, die wenig Effekte erzeugen, bewirken geringe Folgen.

69) Nicht alles, was in unserem Leben passiert, ist das Ergebnis von Belohnungen oder Konsequenzen. Manches ist auch das Ergebnis von Entscheidungen, Irrtümern oder ergibt sich durch Umstände, die zusammenkommen. Manche Dinge sind unbeabsichtigt und einige geschehen, weil sie zusammenpassen oder auch nicht. Daher kann einiges für oder gegen uns arbeiten, ohne dass schlechte oder gute Absichten dahinterstehen.

70) Konsequenzen und Belohnungen folgen nicht immer sofort. Aber wenn sie verdient oder berechtigt und nicht unterbunden sind, werden sie sich in irgendeiner Form manifestieren. Verzögerte Konsequenzen geben uns die Zeit zum Korrigieren, Reflektieren und manchmal zum Wiedergutmachen. In manchen Fällen können die Konsequenzen davon abhängen, wie wir auf die Verzögerung reagieren. Andererseits geben uns verzögerte Belohnungen die Zeit, uns auf sie vorzubereiten. Aber was entscheidet auf universaler Ebene über Belohnungen und Konsequenzen? Die Antwort ist jenseits der physischen Realität zu finden.

71) Alles Physische hat einen bestimmten Anfang. Die allererste physische Erscheinung, die jemals auf irgendeine Art existierte, muss durch etwas entstanden sein, was nicht physisch war. Das ist selbstverständlich, weil es vorher nichts Physisches gab. Also muss die Initiative, die Macht oder die Quelle, die zu seiner Existenz geführt hat, jenseits der physischen, natürlichen Realität gewesen sein. Dieser nicht-physische, übernatürliche Aspekt kennzeichnet die spirituelle Realität.

Das Spirituelle ist der innere Zustand des Universums, wohingegen das Physische sein äußerer Zustand ist. Die spirituelle Realität ist die fundamentale Existenzform.

72) Bevor es die physische Welt gab, gab es das Spirituelle. Es gab ein spirituelles „Etwas", bevor es ein physisches „Etwas" gab sowie spirituelle Mächte vor physischen Mächten. Der spirituelle Zustand ist auch der Gegensatz zum physischen. Das Universum wurde durch den spirituellen Aspekt gebildet, der die höhere Realität ist. Es war das Spirituelle, das sich zu einer physischen Realität transformierte. Die spirituelle Realität verleiht unserer Existenz, unserem Verständnis von dem Universum und der Bedeutung des Lebens, Tiefe und mehr Substanz. Sie ist nicht nur Teil unserer Wurzeln, sondern sie verleiht auch unserem Wahrnehmungsvermögen eine zusätzliche Perspektive.

73) Es gibt einen indirekten Faktor im Leben. Dazu gehören die Zeit und die Vorstellungskraft, welche auch Wahrnehmungen sind. Die spirituelle Realität ist auch indirekt und der Zugang zu ihr ebenso.

Die Existenz indirekter oder nicht sichtbarer Dinge
wird durch die Effekte, die sie erzeugen oder
verursachen, erkannt. Abgesehen von unserem
Intellekt und unseren fünf Sinnen haben wir auch
einen indirekten Sinn, mit dem wir manche Aspekte
der spirituellen Realität und Welt wahrnehmen,
spüren sowie erleben können.

Der erlebte Ursprung

74) Alles erzeugt Information, im Sinne von warum, wo, wie und wann etwas geschehen oder nicht geschehen ist. Information begleitet alles. Sie ist eine unterstützende Energie. Im zeitlosen Zustand des Anfangs wurden Informationen nicht gelöscht. Daher blieben sie wie ein Gedächtnis erhalten.

75) Es gibt für alles einen Grund, gleichgültig, ob es ein direkter oder ein indirekter ist. Wenn etwas existiert, gibt es einen Grund dafür; wenn etwas nicht existiert, gibt es auch einen Grund dafür. Wo es eine Begründung gibt, besteht Logik. Wo es Logik und Information gibt, besteht Intelligenz. Die Logik ist die Grundlage der Intelligenz. Es gab immer einen Grund. Daher gab es immer Logik sowie Intelligenz. Die Logik ist der „Warum-und-was-Aspekt" des Seins.

76) Die Balance enthält Logik, Koordination und Kommunikation, die zur Existenz der Intelligenz am Anfang beigetragen haben. Mit der Balance kam die Ordnung. Mit der Ordnung kam die Disziplin. Indem Dinge überall dieser Ordnung folgten – wie die Ausbalancierung der Gegensätze – legten sie Zeugnis von einem existierenden universellen System ab. Ein System existiert nicht von allein, sondern es muss geschaffen werden. Ähnlich wie ein Programm zuerst einen Programmierer und Gedanken einen Denker haben müssen. Letztendlich hat die Intelligenz mit Denken zu tun und entsteht daher durch einen Denker. Es gibt also einen Denker hinter der Intelligenz im Universum. Die Verkörperung dieses überlegenen Denkers ist als Gott bekannt.

77) Gott verkörpert nicht nur den Ursprung der Intelligenz, sondern auch den Ursprung des Lebens und des Universums. Das Wunder und die Liebe im Anfang waren auch Teil von Ihm, Er der immer war, ist und für immer sein wird. Gott ist ein eigenständiges und spirituelles Wesen. Daher braucht Er keinen Gegensatz, um sich auszubalancieren, denn Er selbst verkörpert die Balance. Gott ist das erste Wesen.

Als der Erste im Dasein wird Er durch die Zone des Lichts symbolisiert, welches der männliche Aspekt im Ursprung des Universums ist. Aus diesem Grund wird Gott als der „Vater" des Universums betrachtet. Dieser Begriff ist jedoch nur symbolisch, denn Geschlechtlichkeit ist keine Eigenschaft Gottes, sondern der physischen Wesen.

78) Gott ordnete das Universum in logische Systeme. Sie bestimmen die Umstände wie etwas funktioniert. Ein Teil dieses Systems ist mathematisch und die verschiedenen mathematischen Manifestationen im Universum legen ebenfalls Zeugnis von der Existenz eines „Wer-Aspektes" des Seins ab. Schließlich basiert die Mathematik auf Berechnung und Intellekt; und hinter Berechnung steckt ein konstruktiver Denker.

Die Seele

79) Bevor ein physisches Wesen entsteht, gibt es ein spirituelles. Daher existiert das Innere vor dem Äußeren, wie es der Weg des Lebens vorgibt. Die Seele ist unsere spirituelle Seite und ebenso der Gegensatz zu unserem physischen Dasein. Sie gibt uns Bewusstsein, Vorstellungskraft, Moral und Emotionen. Die Seele ist die Wurzel unserer Person und unseres „Wer bin ich?"-Aspekts. Sie ist unser tieferes und innerstes Selbst. Es ist die Seele, die jeden zu einem einzigartigen Charakter macht. Jeder Gedanke und alles, was wir tun, interpretieren und wahrnehmen, wird zuvor von unserer Seele ausgelöst.

80) Der Körper erhält seine Befehle vom Gehirn, welches durch die von der Seele gesendeten Informationen geleitet wird. Die Seele empfängt und sendet Informationen in einer indirekten Art und Weise. Das bedeutet, dass das Gehirn die Informationen auswählen und umwandeln muss.

81) Gott – die Quelle des Lebens – ist der Schöpfer der Seelen. Während des Schöpfungsprozesses lässt Er jedoch einen Teil der Seele sich selbst entwickeln. Dies tut sie durch ihren freien Willen, ihr vorgegebenes Bewusstsein, ihre eigenen Gedanken, ihre Kreativität und wie sie alles interpretiert. Auf diese Weise trägt die Seele zur Gestaltung ihres eigenen Charakters bei. Wie einen Fingerabdruck erhält jede Seele sowohl ihre persönliche Identität als auch das Standardpotenzial.

82) Basierend auf den zwölf Einheiten, welche das Universum strukturell ausbalancieren, wird jede Seele danach mit elf anderen in eine Gruppe gestellt. Werden die Seelen zu Menschen, wird die Gruppe gleichmäßig in sechs männliche und sechs weibliche aufgeteilt. Eine spirituelle Gruppe dient dem Zweck, ein strukturiertes Gleichgewicht und eine Grundlage herzustellen. Sie verstärkt sowohl den Sinn der Harmonie als auch den Sinn der Zugehörigkeit der Seele. Der Sinn der Zugehörigkeit ist in einer Seele dominant. Eine Zwölfergruppe wird mit einer weiteren Zwölfergruppe Seite an Seite verbunden, um eine rechte und linke Kombination zu bilden.

Obwohl jede Seele ein einzelnes Wesen ist und getrennt von den anderen existiert, besteht trotzdem eine Bindung, wie in einer Familie. Diese Bindung können Mitglieder einer „Seelengruppe" manchmal fühlen, wenn sie sich im Leben begegnen.

83) Wir sind moralische Wesen und für unser Verhalten verantwortlich. Mit der Moral entsteht die Perspektive davon, was gut und was schlecht ist. Grundsätzlich wird als gut betrachtet, was richtig ist, und was falsch ist, gilt als schlecht. Was gut oder schlecht ist, wird von den grundlegenden Standards und der Moral, die dahintersteht, definiert.

84) In Verbindung mit einem Körper wird der Seele die indirekte Rolle und dem Körper die direkte im Leben zugeteilt.

Körper und Seele

85) Der normale menschliche Körper wurde aus verschiedenen Gründen so erschaffen, wie er ist. Im Aufbau des Körpers können wir die universelle Ordnung erkennen. Mit dem Skelett als Struktur sind bei der normalen Anordnung jeweils zwölf Rippen auf der linken und rechten Seite miteinander verbunden. Dies spiegelt die zwölf Einheiten wider, welche das Universum strukturell ausbalancieren. (Absatz 40 erklärt dies.) Als ein Symbol der Zeit symbolisiert die beidseitige 12er-Anordnung der menschlichen Rippen die zwölf Stunden vor und nach dem Mittag. In ähnlicher Weise symbolisieren die zwölf Knochen, an denen die Rippen am Rücken verbunden sind, die zwölf Monate des Jahres.

86) Der menschliche Kopf hat sieben Öffnungen; der Nacken hat sieben Knochen, die mit dem Skelett verbunden sind; zwei Paare von sieben Rippen sind mit der Vorderseite des Brustkorbs verbunden, und der Körper selbst ist auch in sieben Abschnitte unterteilt. Dies spiegelt die sieben Einheiten wider, welche das Universum ebenfalls strukturell ausbalancieren.

87) Die Seele ist durch eine spirituelle Dimension mit dem Körper verbunden. Der Körper ist wie ein Instrument für die Seele. Körper und Seele interagieren und kommunizieren und sind bis zum Tod als eine Einheit miteinander verbunden. Körper und Seele müssen jedoch individuell ausgeglichen und gut genährt sein.

88) Nicht alles, was lebt, hat eine Seele. In gleicher Weise lebt nicht alles was existiert. Aber alle Seelen haben Emotionen, sowie die natürliche Fähigkeit zum Lieben, Denken, Träumen und Glauben.

Der Sinn des Lebens

89) Das Leben ist die größte Gelegenheit und Ausdrucksform, ohne die wir nichts tun können. Wir sind hier, um zu lieben, zu erschaffen, um fruchtbar zu sein, um eine sinnvolle Existenz aufzubauen, sowie die Ebene und die Qualität unseres Bewusstseins anzuheben. Sich um unseren Heimatplaneten zu kümmern ist ein Teil unserer Bewusstseinsanhebung.

90) Wir müssen nützliche Dinge finden, die wir tun können oder zu Nützlichem bereit sein. Sich vorzubereiten drückt Bereitschaft aus und kann die Energie der Ernsthaftigkeit ausstrahlen. Wir können uns vorbereiten, indem wir trainieren, studieren und nachforschen. Leidenschaft und Engagement sprechen für Überzeugung. Eine Gelegenheit im Leben kann sich demjenigen bieten, der eine solche erschaffen hat, oder dazu beiträgt. Daher werden einige Türen im Leben als Folge dessen geöffnet, was wir tun, stimulieren und beeinflussen.

Manchmal können die Energie und Signale, die von uns ausgehen und gesendet werden, eine Anziehung, eine Motivation oder gar eine Entmutigung sein. Manchmal können sie auch zu schwach sein, um etwas zu bewirken.

91) Das Ziel ist es, klug, rücksichtsvoll, dankbar, verantwortlich und respektvoll zu sein, wann immer es angemessen ist. Diese Eigenschaften drücken wir durch unsere Haltung, unsere Taten und Bemühungen aus. Auch wenn die Umstände des Lebens sich aus irgendeinem Grund nicht zu unseren Gunsten auswirken, sollten wir trotzdem das Beste aus unserem Leben machen.

Die Essenz des Lebens

92) <u>Disziplin:</u> Was für einen Unterschied Disziplin ausmacht! Es ist eine lebenslange Bemühung, sie dem Körper und Verstand zu lehren. Disziplin stärkt unsere Willenskraft.

93) <u>Lernen:</u> Das Leben lehrt! Bildung ist daher wesentlich für uns. Unsere Existenz oder unser Lebensunterhalt baut auf dem Lernen und seinen Ergebnissen auf. Wie eine ausgewogene Ernährung, brauchen wir eine allgemeine und eine spirituelle Bildung. Beide Bildungsarten sind wesentlich, um eine gesunde Balance aufzubauen, wenn wir unser wahres Potenzial realisieren und bewusst leben wollen. Unser Potenzial benötigt Stimulation und Nahrung, um blühen zu können.

94) <u>Verantwortung:</u> Die Welt hat Fortschritte errungen, aber wir sollten unseren Sinn für Verantwortung und Fürsorge nicht außer Acht lassen. Beides muss Hand in Hand gehen.

95) <u>Charakter:</u> Alles in allem liegt die Essenz des Lebens darin, sich zu bemühen, ein besserer Mensch zu werden. Daher müssen wir nicht nur äußeren Erfolg anstreben, sondern auch inneren. Das bedeutet, dass wir durch unsere Taten, Worte oder Liebe Gutes tun sollen. Gutes zu tun bringt positive Energie in die Welt, denn Gutes ist ein Ausdruck der Liebe, und die Liebe ist für unsere Existenz und unsere Spiritualität fundamental. Gute Dinge tun – unabhängig davon, ob es von der Güte des Herzens oder des Geistes kommt – fängt damit an, gute Gedanken zu haben. Gedanken haben Potenzial, wenn sie intensiv genug sind. Wenn wir uns mit guten und positiven Gedanken beschäftigen wird unsere Denkweise beeinflusst und konditioniert. Dies hilft uns, uns zu besseren Menschen zu entwickeln, insbesondere wenn unsere Herzen, Taten und Haltungen sich dementsprechend anpassen.

Die Tiere

96) Tiere stehen im Kontrast zum Menschen. Aufgrund dessen ist ihre Existenz wesentlich für die Balance. Sie haben auch einen freien Willen, aber ihr Bewusstsein ist im Vergleich zum Menschen eingeschränkt. Obwohl Tiere Intelligenz, Emotionen und Wahrnehmungsfähigkeiten besitzen, sind sie sich ihres Gewissens nicht bewusst. Daher sind sie weder moralisch noch spirituell befähigt.

97) Tiere wurden mit eigenem, bereits vorhandenem, integriertem Wissen geschaffen, welches einen Teil ihrer Fähigkeiten darstellt. Ihr angeborenes Wissen verleiht ihnen die Macht, manche Dinge zu wissen und zu tun, ohne bewusst denken zu müssen. Jede Tierart besitzt ihr eigenes individuelles Wissen und ist gemäß ihrer Bestimmung und ihrem Umfeld ausgestattet.

98) Prähistorische Tiere vertraten die Vorzeit unseres menschlichen Zeitalters im Sinne eines Vorher-Nachher-Konzepts. Die gigantische Größe vieler prähistorischer Tiere war ein Merkmal, um ihre Ära von unserer zu differenzieren.

Teilen

99) Bevor Menschen oder Tiere existierten, schuf Gott Engel, um die spirituelle Welt zu besiedeln. Engel sind spirituelle Wesen, die über übernatürliche Fähigkeiten und einen weit größeren Verstand verfügen als unseres. Aber wie wir, haben Engel ihren eigenen individuellen Charakter.

100) Um Führerschaft, Verantwortlichkeiten und Verpflichtungen zu teilen, schuf Gott zwei Gruppen von jeweils zwölf Erzengeln, die eine Balance bildeten. Sie waren die ersten und einzigen Engel, die zu dieser Zeit existierten. Die erste Gruppe bildete die dominante rechte Seite und die zweite Gruppe die weniger dominante linke Seite. Jede spirituelle Gruppierung wurde mit verschiedenen Verantwortungen betraut, wie Minister einer Regierung.

101) Es bestanden feste spirituelle und weltliche Gesetze, denn Freiheit ohne Gesetze, Ordnung, Disziplin oder Respekt führt zum Chaos. Von moralischen Wesen wird verlangt, verantwortungsvoll und moralisch zu leben und sich den universellen Gesetzen unterzuordnen.

Das Böse

102) Als Erzengel wurde ihnen in Übereinstimmung mit ihren Rollen und der allumfassenden Balance immense spirituelle Macht gegeben. Diese Macht wurde notwendig, damit sie genügend Fähigkeiten, Wahrnehmung und Wissen hatten, um ihre Aufgaben zu erfüllen.

103) Unglücklicherweise kam eine Zeit, in der einige der Erzengel gierig wurden und mehr Macht wollten, als ihnen nach ihrem Status zustand. Ihre Habgier wurde zur Besessenheit. Demzufolge schlossen sie sich zusammen und bildeten eine neue zweite Gruppe und konspirierten gegen Gott.

104) Das Komplott bestand darin, eine gottlose Macht zu erringen, indem sie ihre Heiligkeit verleugneten und gegen Gott vorgingen. Gottlosigkeit kommt nicht von Gott, denn es würde bedeuten, dass Er gegen sich selbst und Seine eigene Natur stünde. Daher war sie etwas, das Er nicht erschaffen hätte. Indem die Erzengel der zweiten Gruppe ihren Plan ausführten, erschufen sie eine Macht gegen Gott und beanspruchten deren Rechte.

Gott ließ die Möglichkeit der Gottlosigkeit für die Erzengel offen, um ihre Integrität und ihre Herzen zu testen. Die Gottlosigkeit hatte vorher nur theoretisch existiert.

105) Als Widersacher Gottes schufen die Erzengel der zweiten Gruppe einen negativen fundamentalen Aspekt, der als das Böse bekannt ist. Er bildete das Gegenteil zur Göttlichkeit und steht für sich selbst. Die Ordnung Gottes erlaubt das Prinzip: „Wer zuerst kommt, mahlt zuerst." Dies bedeutete, dass, obwohl das Böse skrupellos und unerwünscht war, es ihm erlaubt sein musste, zu existieren und seinen Lauf zu nehmen. Aber dies war mit Konsequenzen verbunden, weil es dem Sein und dem Universum widersprach und es gefährdete. Als Begründer und Herz des Bösen erwarben die Erzengel der zweiten Gruppe jedoch dessen Macht und sein Potenzial, sowie den ihm zugehörigen Status.

106) Gott schaffte den Engelstatus und das Engelerbe der zweiten Gruppe ab und nannte sie Teufel. Dies bedeutete, dass sie für immer verflucht und von Gott getrennt waren.

Die Teufel formten eine Opposition, welche die Gottlosigkeit verkörperte und personalisierte. Zur gleichen Zeit wurde die Gruppe der loyalen Erzengel neu eingestellt, um ihr eigenes Gleichgewicht zu bilden. Im Gegensatz dazu, war das Gleichgewicht kein Kriterium des Bösen.

107) Den Teufeln war es nicht länger erlaubt, Teil der Neutralsein-Welt des Universums zu sein, denn es war das Heim für Engel; und das Böse könnte nicht Teil davon sein. Stattdessen war es den Teufeln erlaubt, in der Sein-Welt zu wohnen, welche das physische Universum ist. Dadurch wurden sowohl die Gottlosigkeit, als auch der Aspekt des Gegenteils ein Teil davon. Mit ihrer neuen Macht und ihrem neuen Status wollten die Teufel die Sein-Welt spirituell regieren. Gott und die Teufel konnten es jedoch nicht gleichzeitig regieren. Also ließ Er sie die Sein-Welt regieren. Damit fing eine neue spirituelle universelle Ära an.

108) Die Teufel wussten, unter welchen Bedingungen sie in der Sein-Welt regieren durften. Ebenso kannten sie die Kriterien für einen endgültigen Wechsel der Regierung und wussten, welche Konsequenzen dieser für sie haben würde.

Ihre Existenz war mit ihrer Regierungszeit verknüpft. Dies bedeutet, dass sie nicht weiter existieren würden, sollte ihre Regierungszeit zu Ende gehen. Aus der Sicht der Teufel war jedoch ein Ende ihrer Regierungszeit nicht realistisch.

109) Spirituell regieren bedeutet, Macht über die Natur und ihre Entwicklung zu haben. Dies ist allerdings mit Einschränkungen verbunden. Menschliche Angelegenheiten können auch ab einem gewissen Punkt durch indirekte Impulse, die aus der spirituellen Dimension kommen, beeinflusst oder stimuliert werden.

110) Die Fähigkeit, gottlos zu sein oder negative Tendenzen zu zeigen, haben die Engel nicht mehr. Denn diese Fähigkeiten waren, seitdem der Engel-Status für die Teufel abgeschafft worden war, für Engel nicht mehr vorhanden.

Unsere Geschichte

111) Die erste Generation von Menschen kam auf einer einzigartigen Art und Weise auf die Welt. Als die ersten Menschen überhaupt brauchten sie Vorbereitung, die richtige Art von Lebenserfahrung und Wissen als grundlegendes Fundament. Diese Vorbereitung war nicht nur für sie lebensnotwendig, sondern auch für die folgende Generation, an die sie das Leben und ihr Wissen weitergeben würden. Aber wie konnten Menschen diese Erfahrungen erlangen, wenn sie nie zuvor gelebt hatten? Der Verstand der Tiere ist teilweise mit angeborenem Wissen geschaffen, aber die Menschen gehören nicht zu dieser Kategorie. Die Antwort war, überlegene prähistorische Tiere zu erschaffen, die menschenähnlich aussahen. Diese Tiere verfügten auch über angeborene Kenntnisse und Neigungen, die bewirkten, dass sie sich verhielten, wie Menschen es tun würden. Von ihnen sollten die Menschen wesentliche Dinge für das Überleben lernen. Deswegen war die menschenähnliche Erscheinung notwendig.

112) Der ersten Generation von Menschen wurde danach eine eigene Vorbereitungszeit gegeben. Dem natürlichen Prinzip folgend, vor der Manifestation des Lebens im Äußeren, von innen zu beginnen, wurde für sie eine separate innere Welt erschaffen. Aus einer menschlichen Perspektive war diese eine Prä-Erde, zu der die Teufel keinen Zugang hatten. Es war vorgesehen, dass die Menschen für eine unbestimmte Zeit dortblieben. Bevor also die erste Generation von Menschen einen physischen Körper erhielt, durften sie dort in „spirituellen Körpern" leben, um Erfahrung zu sammeln. Trotzdem hatten die Menschen ihren Körper und ihre Umgebung so wahrgenommen, als wären beide physisch.

113) Die Prä-Erde war eine imaginäre, und trotzdem war sie real. Sie war wie ein gespiegeltes Bild eines Teils der realen Welt in einer indirekten, spirituellen Dimension. Die gespiegelten Bilder der Erde reagierten in Echtzeit auf die Aktionen der Menschen, als wäre alles real. Auf der Prä-Erde waren die Menschen also in der Lage, Ereignisse zu erleben, als wären sie bereits auf der Erde.

114) Die Prä-Erde war geräuschlos, so wie es für ein gespiegeltes Bild normal ist. Die Menschen kommunizierten und verstanden jedoch innerlich ihre Mitmenschen. Sie begannen das Leben mit einem Bewusstsein, das allmählich erwachte. Und im Laufe der Zeit erweiterte sich ihr Bewusstsein als Teil eines Wachstumsprozesses.

115) Die Menschen erhielten erst am Anfang einer neuen Epoche auf der Erde ihren tatsächlichen menschlichen Körper. Diese Periode begann, nachdem die meisten Tiere auf der Erde vorzeitig ausgestorben waren. Der Grund für ihr Aussterben war, dass die Teufel die Erdachse und die Natur des Sonnensystems manipuliert hatten, was ihnen nicht erlaubt war. Dies wiederum destabilisierte das Klima und verursachte drastisch frostig-kalte Temperaturen auf der gesamten Erde. Es folgte eine brutale Frostperiode. Die prähistorischen Tiere waren nicht in der Lage, die frostig-kalten Temperaturen zu bewältigen. Und mit Ausnahme weniger Tiere sind alle anderen ausgestorben, auch solche, die den Menschen ähnelten. Die Teufel verschleierten ihr Verbrechen danach, indem sie es so aussehen ließen, als ob es eine Naturkatastrophe wäre.

116) Abgesehen davon alles Leben auf der Erde auslöschen zu wollen, war es das Ziel der Teufel, die Ankunft der Menschen auf der Erde zu beschleunigen. Sie wussten, dass der Planet Erde, als Zentrale und Orientierung physischer Wesen, immer bewohnt bleiben musste. Wären alle Tiere ausgestorben, hätten die Menschen die Erde früher besiedeln müssen, unabhängig davon ob sie vollständig darauf vorbereitet waren oder nicht. Diese Strategie hätte die Vorbereitungszeit der Menschen verkürzt, was das Ziel der Teufel war. Die integrierten Begabungen mancher Tiere halfen ihnen jedoch zum Überleben. So blieb die Erde, trotz des drastischen Klimawandels, weiterhin bewohnt.

117) Die Prä-Erde wurde von den frostig-kalten Temperaturen nicht beeinträchtigt. Die Menschen waren jedoch durch die schlechten Erinnerungen an diese Episode belastet. Es war auch ihre erste Erfahrung mit dem Bösen. Die Ankunft der Menschen auf der Erde musste weiterhin auf die entsprechende Zeit warten. Das gab ihnen Zeit, sich umzustellen und ihre Vorbereitung zu durchlaufen.

118) Während dieser Zeit gestaltete Gott sowohl die Erdachse, als auch die Struktur der Erde um. Dies symbolisierte einen Neubeginn für die Erde. Nachdem sich die Erde von den Ereignissen dieser Frostperiode stabilisiert hatte, kam die erste Generation von Menschen zu angemessener Zeit und besiedelte sie. Gott bewirkte, dass sie in der realen Welt mit physischen Körpern erwachten. Die Änderung ihrer „gespiegelten-Bild-Realität" aber hatten sie nicht bemerkt, mit der Ausnahme, dass sie die Außenwelt zum ersten Mal hörten. Das äußere Hören ersetzte damit ihr inneres Hören. Daher wurden die Fähigkeiten zu „hören" und zu „sprechen" als getrennte menschliche Attribute erst später erlangt. Die erste Generation von Menschen wurde als Erwachsene erschaffen, so dass sie ohne Eltern überleben konnte, wozu hilflose Babys nicht in der Lage gewesen wären.

119) Die Erfahrungen aus der Prä-Erde bildeten die Grundlage für ihr Leben auf der Erde. Durch ihre Intelligenz, ihre Bemühungen und ihren gesunden Menschenverstand wussten die ersten Menschen in vielen Situationen, was sie tun mussten. Einige Dinge wussten sie durch Inspiration, Erleuchtung und Visionen, während manche in ihren Geist „geschrieben" waren.

120) Kurz vor der Ankunft der Menschen auf der Erde, hatte Gott alles in der physischen Welt verlangsamt, indem Er die Geschwindigkeit der Zeit verringerte. Dies beendete die prähistorische Epoche, welche in eine zeitlich unbestimmte Periode umgewandelt wurde. Darüber hinaus begann das erste spirituelle Zeitalter der Menschheit und die bestimmende Periode der Zeit. Ein spirituelles Zeitalter symbolisiert eine Ebene des Bewusstseins und ebenso einen spirituellen Zyklus.

121) Wenn ein aufgenommenes Lied langsamer abgespielt wird oder eine Bildaufnahme in Zeitlupe geschaut wird, haben beide eine längere Dauer als sie ursprünglich hatten. Auf ähnliche Weise schien alles, was von der Verringerung der Geschwindigkeit der Zeit betroffen war, wesentlich älter als es in Wirklichkeit war.

122) Die Menschen erhielten die Freiheit auszuwählen und wurden für sich selbst, ihre Entscheidungen und ihr Verhalten verantwortlich gemacht. Die Erde wurde nun zu einer menschlichen Angelegenheit, und Gott erlaubte, dass das Leben auf ihr seinen Lauf nahm.

123) Auf der Erde zu leben bedeutete, dass die Menschen in einer Welt lebten, über welche die Teufel spirituell regierten. Die Unterstützung und der Schutz Gottes standen ihnen weiterhin zur Verfügung, aber sie bekamen beides nur begrenzt und meistens in indirekter Art und Weise. Außerdem hing die Unterstützung sowohl von der Bewusstseinsebene des spirituellen Zeitalters, als auch von den Absichten der Menschen, ihrer Mühe und ihrer Ernsthaftigkeit ab. Dies bedeutete, dass Unterstützung manchmal verdient werden musste. Ein weiterer Aspekt der Unterstützung Gottes kam durch menschliche Entdeckungen, die zufällig entstanden zu sein schienen, aber eigentlich das Produkt der göttlichen Intervention waren.

124) Die Menschen erhielten Regeln, Gesetze, Tugenden und Werte als Unterstützung, damit sie verantwortlich leben konnten. Wenn es keine Gesetze und Regeln gab, wurde von ihnen erwartet, dass sie ihre Weisheit und Integrität benutzten. Im Laufe der Zeit trafen die Menschen jedoch schlechte Entscheidungen und verstießen gegen göttliche Prinzipien.

Zeugnisse

125) Die Teufel, welche die brutalen frostigen
Temperaturen auf der Erde verursacht hatten,
begingen absichtlich ein spirituelles Verbrechen.
Als Konsequenz wurde ihre Regierungszeit über die
Sein-Welt verkürzt. Da die Frostperiode während der
Regierung der Teufel zustande kam, wurde sie nicht
ganz entfernt. Gott hat deswegen frostig-kalte
Temperaturen in die Natur der Erde integriert. Als
Zeugnis und Bestätigung für die Ereignisse dieser
Frostperiode, schuf Er Schneeflocken. Sie fallen
langsam und nicht mit der Geschwindigkeit von
Regen oder Hagel, um die verlangsamte
Geschwindigkeit der Zeit zu symbolisieren. Eine
gewöhnliche Schneeflocke hat die Form eines
sechsstrahligen Sterns, um die Umgestaltung der
Erdachse zu symbolisieren. Dies wird uns in der
Form der Buchstaben des englischen Wortes „Axis"
offenbart – welches Achse bedeutet – umgestellt
bilden sie die englischen Worte „ a six".

126) Da der Buchstabe „A" der erste im Alphabet ist, hat er den Zahlenwert eins. Das Wort „six" bedeutet sechs und stellt die Zahl 6 dar. Daher ist der Zahlenwert der Worte „a six" 1 und 6.
Die 1-und-6er Kombination kennzeichnet einen strukturellen Neubeginn für die Erde.

127) Als Teil des Neubeginns wurden die sieben Kontinente der Erde mit einem 6-und-1er Format strukturiert, was eine Variante der 1-und-6er Kombination ist. Daher wurde Amerika, obwohl es im Grunde ein Kontinent ist, in zwei geteilt: Südamerika und Nordamerika.

128) Zeitlich wird diese 1-und-6er Kombination in einer Variationsform dargestellt durch 6 und 1. Und zwar durch die Tatsache, dass alle 61 Sekunden eine neue Minute, sowie alle 61 Minuten eine neue Stunde beginnt.

Jenseits des Lebens

129) Die Seele wird mit dem Tod vom Körper getrennt. Der Körper stirbt, aber die menschliche Seele im Gegensatz, nicht. Die Seele wird jedoch deaktiviert, denn der Tod ist das Gegenteil des Lebens. Die Seele behält trotzdem ihren Charakter sowie die spirituelle Qualität und Substanz, die sie während ihrer Lebenszeit erlangt hat.

130) Bevor sich die Seele ganz im Zustand des Todes befindet, tritt sie für einen sehr kurzen Moment in eine indirekte Form des Bewusstseins ein. Durch göttliche Offenbarung ist ihr bewusst, dass sie während ihres Aufenthalts in der spirituellen Dimension schlafen muss. Sie hat jedoch die Wahl, dies als wahr anzusehen, oder zu glauben, dass sie nicht schlafen muss. Es ist sowohl eine Prüfung, als auch eine Entscheidung, die sie treffen muss. Nach dem Entscheidungsprozess verliert jede Seele jegliches Bewusstsein, wie das Wort „Tod" schon sagt.

131) Glaubt die Seele, dass sie schlafen muss, kommt sie in die Engelwelt, um dies zu tun. Dort profitiert die Seele von der perfekten Umgebung. Gemäß der Qualität ihres spirituellen Bewusstseins wird sie entweder ein neues Leben in der Engelwelt als Engel beginnen oder sie wird eines Tages irgendwo auf der Erde als neugeborenes Baby wiederkehren. Es bedarf jedoch mehrerer Vorleben, um diesen engelhaften Status zu erreichen. Die Wiederkehr aller menschlichen Seelen auf der Erde ist kontinuierlich. Daher sind wir das Produkt mehrerer Vorleben. Der Tod und die Wiedergeburt enden erst, wenn die „spirituelle Reise" abgeschlossen ist.

132) Glaubt die Seele, dass sie nicht schlafen muss, kommt sie nicht in die Engelwelt. Das bedeutet, dass sie in einem anderen Ort schlafen muss, während sie in der spirituellen Dimension bleibt, bis die Zeit ihrer Rückkehr auf die Erde kommt. Eine Seele schläft auch außerhalb der Engelwelt, wenn sie nicht glaubt, dass die Offenbarung, die sie erhalten hat, wahr ist und deswegen keine der beiden Optionen wählt.

133) Nach dem Tod wird Schlafen in der Engelwelt das spirituelle Bewusstsein einer Seele erhöhen, wenn sie ihr nächstes Leben beginnt. Dies ist eine Belohnung. Schläft eine Seele außerhalb der Engelwelt, wird sie nicht belohnt.

Vor dem Leben

134) Im Allgemeinen wurde der Körper, mit dem
wir geboren wurden, bei der Zeugung willkürlich
bestimmt. Wir bekommen trotzdem den Körper, der
uns entspricht, denn die Auswahl der Seelen für
Körper ist systematisch und fehlerfrei. Eine Seele,
die regelmäßig an die göttliche Offenbarung
geglaubt hat, dass sie während des Todes schlafen
muss, erhält jedoch die Gelegenheit, diesen neuen
Körper, der für sie beabsichtigt ist, anzunehmen oder
abzulehnen. In Form eines Traumes gewinnt sie ihr
Bewusstsein zurück, um eine Entscheidung treffen
zu können. Um der Wahl eine Perspektive zu geben,
erhält die Seele manche Erinnerungen aus einem
oder mehreren ihrer vorherigen Leben, sowie
Träume über die dahinterliegende Bedeutung, diesen
neuen Körper zu bekommen. Lehnt die Seele den
ungeborenen Körper des Kindes ab, wird sie den
nächsten bekommen, der für sie ausgewählt wird.

135) Die Erinnerungen aus vorherigen Leben, die eine Seele wieder erhalten hat, können in ihr nächstes Leben mitgenommen werden, um Zeugnis abzulegen. Die Erinnerungen sind ziemlich detailliert, um das Zeugnis glaubhaft darzustellen. Es kann jedoch passieren, dass jemand, der die Erinnerungen erhielt, die Informationen durcheinanderbringt, insbesondere wenn mehr als ein Vorleben im Spiel ist. Nichtsdestotrotz, allein die Tatsache, dass die Erinnerungen da sind, dient ihrem Zweck. Vorherige Leben sagen uns, dass wir schon hier gewesen sind und dass dies der Weg ist, den das Leben nimmt.

136) Manchmal wurden uns der Körper und die Talente, mit denen wir geboren wurden, als Teile unserer spirituellen Belohnung aus vergangenen Leben gegeben. Sie können uns auch als ein Teil unseres allgemeinen Lernprozesses gegeben werden, der den Ort und die Zeit unserer Geburt miteinbeziehen kann. Aus diesem Grund müssen manche Seelen warten, bis sich ein angemessener Körper manifestiert, bevor sie in die Welt zurückkehren werden.

137) Der Körper empfängt eine Seele, wenn er ein bestimmtes Entwicklungsstadium erreicht hat. Er kann aber auch keine Seele empfangen, wenn es, wegen Komplikationen zu einem kompletten Bruch der Kommunikation zwischen dem Spirituellen und dem Physischen kommt.

Das neue spirituelle Zeitalter

138) Wir sind in ein neues spirituelles Zeitalter eingetreten. Dies hängt mit dem Ende der spirituellen Regierungszeit der Teufel zusammen. Ebenso bedeutet dies das Ende der Existenz der Teufel. Alles in allem sind das gute Nachrichten. Dennoch, trotz des neuen spirituellen Anfangs und der spirituellen Regierungsänderung bleibt leider etwas von der schlechten Energie in unserer Welt. Dies liegt an den verschiedenen Arten von negativen Eigenschaften wie Hass, die wir Menschen angenommen haben. Aber unabhängig hiervon bringt dieses neue Zeitalter trotzdem weitere neue Ebenen des Bewusstseins für die Welt. Dank dessen wird die Erleuchtung für spirituelle und weltliche Entwicklungen intensiver.

139) Unter der Regierung der Teufel gab es sieben spirituelle Zeitalter. Jedes Zeitalter stellt die spirituelle Distanz dar, welche wir zurückgelegt haben. Wir befinden uns jetzt im achten spirituellen Zeitalter. So wie der achte Tag den Beginn einer neuen Woche kennzeichnet, symbolisiert die Zahl acht einen neuen spirituellen Anfang.

140) Bevor dieses neue Zeitalter begann, hatten wir akzeptiert, dass es neun Planeten in unserem Sonnensystem gab. Im Jahr 2006 wurde die Definition eines Planeten geändert. Jetzt gibt es nur noch acht anstatt neun. Pluto, der nach dem „Gott" der Unterwelt in der römischen Mythologie benannt wurde, wird nicht mehr als Planet anerkannt. Er hat diesen Status verloren. Die Teufel waren uns auch als Herrscher der „Unterwelt", bekannt. Sie haben ihren Status ebenso verloren. Gott hat diese beiden Ereignisse koordiniert, um uns ein Zeichen zu geben, dass die Teufel eliminiert worden sind, und um zu bestätigen, dass das achte Zeitalter begonnen hat.

141) Die Anordnung der menschlichen Knochen wurde von Gott oft als ein indirektes Zeugnis für die universelle Ordnung verwendet. Die acht Knochen des Handgelenks dienten dem Zweck, eine symbolische Armbanduhr darzustellen. Sie spiegeln die Zeiten des achten Zeitalters wider, sowie die acht Zeitalter, die wir benötigt haben, um diese Ebene der Erleuchtung zu erreichen. Diese acht Knochen sind in zwei Gruppen zu jeweils vier Knochen angeordnet. Die acht Planeten unseres Sonnensystems sind auch in zwei Vierergruppen, nämlich als „felsige Planeten" und als „Gasplaneten", angeordnet.

Diese zwei Gruppen der Planeten werden auch als die inneren Vier und die äußeren Vier betrachtet. Ein neuer spiritueller Anfang wird uns daher nicht nur durch die Zahl 8 gezeigt, sondern auch durch seine Verkopplung mit einer 4-und-4-Kombination.

142) Das achte spirituelle Zeitalter bedeutet auch, dass die Menschheit die Reife erreicht hat. Aus diesem Grund haben wir die Macht und die Verantwortung erhalten, spirituell über die Erde zu regieren. Unsere erreichte Reife war auch ein Kriterium, um die Regierung der Teufel aufzulösen. Also haben wir die Macht, die Natur und ihre Entwicklung ab einem gewissen Punkt zu beeinflussen. Wenn wir etwas beeinflussen, sollten wir damit jedoch wie mit Medikamenten umgehen: Überdosierungen und schlechte Medikamente haben Konsequenzen. Menschliche Taten und Verhaltensweisen können immer noch übernatürliche Effekte stimulieren, die positiv oder negativ sein können.

143) Die Herausforderung für das achte Zeitalter ist, das Leben zu erhalten und es in Balance zu halten. In einer besseren Welt zu leben, hängt zum großen Teil von unseren individuellen, sowie von unseren kollektiven Bemühungen ab. Wir können alle ein Licht in der Welt sein.

Die Armut

144) Die Armut behindert deutlich den Fortschritt derer, welche ihre Opfer sind. Der Kampf gegen materielle, moralische und spirituelle Armut sollte Priorität auf der Tagesordnung der Welt haben. Ganz besonders die extreme Armut, deren Bekämpfung dringend geboten ist. Aber auch wenn wir Gutes tun, sollten wir Disziplin und Weisheit üben und weder missbräuchlich noch respektlos handeln.

145) Teilen ist nicht nur der Akt der Großzügigkeit, sondern ist auch ein Teil des Lebens. Teilen wir weise und effektiv, kommen wir ein Stück näher an die Lösung des Problems der Armut heran.

Der Bestimmungsort

146) Das Leben hat einen höheren Sinn und ein Ziel. Die Engelwelt ist unser letzter Bestimmungsort – die Vollendung unserer Lebensreise. Es ist wie ein nach Hause kommen. Als Gegensatz zum Leben in der physischen Welt existieren der Tod, das Böse, das Leiden oder andere negative Aspekte dort nicht. Wir werden für immer gesund und glücklich sein, wenn wir dort wohnen, denn es ist eine perfekte Welt.

147) Wenn wir den Ort unserer Bestimmung erreichen, werden wir in Engel verwandelt und hohe leitende Positionen erhalten. Tatsache ist, dass Menschen potenzielle engelhafte Führer sind. Dies ist der Grund dafür, dass wir bei unserer Schöpfung die Entscheidung getroffen haben, Menschen statt gewöhnliche Engel zu werden. Die Voraussetzung, um ein engelhafter Führer zu werden, ist, dass wir mit unserer Spiritualität in Verbindung und im Einklang sein müssen. Daher ist die Qualität unseres inneren Wesens entscheidend. Darüber hinaus ist es entscheidend, wie wir die Essenz und den Sinn des Lebens umgesetzt haben.

148) Unser Bestimmungsort ist dort, wo unser Leben auch ursprünglich begonnen hat. Mit dem Ende dieses Buches schließt sich der Kreis und wir gelangen zurück zu seinem Anfang.

Looking:
Das Buch des Lebens

.

LÖ–WE

Bestätigung

– LÖ-WE

Wenn die vier Buchstaben L, Ö, W und E benutzt werden, kann man eine einfache Skizze eines symbolischen menschlichen Gesichts zeichnen. Durch einen Namen, sowie durch ein Gesicht kann jemand erkannt werden. Lassen Sie uns den Namen LÖ–WE benutzen, um dieses symbolische Gesicht zu zeichnen. Der Bindestrich ist optional und zeichnet die Haare auf dem Kopf.

Können Sie den Namen in dem Gesicht erkennen?

Eine andere Perspektive von Namen ist ihre
Zahlenwerte. Der Zahlenwert des Namens
LÖ–WE ist 55. Dies wird von der Addition der
alphanumerischen Worte jedes einzelnen
Buchstabens im Namen abgeleitet. Hierfür
wird das englische Alphabet verwendet.

A	B	C	D	E	F	G	H	I	J	K	L	M
1	2	3	4	5	6	7	8	9	10	11	12	13

N	O	P	Q	R	S	T	U	V	W	X	Y	Z
14	15	16	17	18	19	20	21	22	23	24	25	26

$$L = 12$$
$$O = 15$$
$$W = 23$$
$$E = \underline{05}$$
$$\text{Gesamt} = 55$$

Wenn es 55 Minuten nach der vollen Stunde
ist, wird der Minutenzeiger einer Uhr auf die
Zahl 11 wandern. Die Zahl 11 ist der zeitliche
Aspekt des Namens LÖ-WE. Die beiden
Zahlen des Namens sind daher die 55 und
die 11.

Wenn wir statt dem Großbuchstaben „L"
einen Kleinen verwenden, können die vier
Buchstaben des „l, Ö, W, E" auch eine
einfache Skizze eines symbolischen
menschlichen Körpers zeichnen. Die Zahl 11
bildet den Hals, während die zwei Ziffern
der Zahl 55 die 5 Finger der linken Hand und
die 5 der rechten Hand symbolisieren. Der
Umlaut des Buchstabens „Ö" symbolisiert
die Brust.

Jeder äußerliche Teil des menschlichen
Körpers, der paarweise vorkommt, wurde
entweder als „1 und 1" oder 5 und 5
erschaffen. Daher haben wir linke und
rechte Augen, Nasenlöcher, Ohren, Hände
und Füße, etc. sowie standardgemäß
paarweise fünf Finger und Zehen.

1 und 1 symbolisieren auch den linken und rechten Aspekt der Zahl 11, so wie 5 und 5 der Zahl 55, welche die beide Zahlen des Namens LÖ–WE sind. In Verbindung mit den Skizzen, hat Gott den Namen LÖ–WE symbolisch auf den menschlichen Körper „geschrieben". Alles in allem dient dies als Zeugnis für die „Hände" Gottes und Bestätigung für Seine Existenz.

Gott hat auch den Namen LÖ–WE
symbolisch auf die Erde „geschrieben". Dies
wird durch die Anwendung des englischen
Namens der Kontinente offenbart. Wie
bereits erwähnt, wurden die sieben
Kontinente der Welt in einem 6-und-1-
Format strukturiert, und Amerika wurde in
Nord und Süd geteilt. Die englischen
Namen sind: Africa (Afrika), America
(Amerika), Asia (Asien), Australia
(Australien), Antarctica (Antarktis) und
Europe (Europa). Jeder Name beginnt und
endet mit dem gleichen Buchstaben, das
heißt „A und A" oder „E und E".
Alphabetisch gesehen würden „A und A"
1 und 1 sowie „E und E" 5 und 5
entsprechen. Diese Zahlenkombinationen
symbolisieren auch die Zahlen 11 und 55
sowie den Namen LÖ–WE. Die englischen
Namen der Kontinente bestätigen die
Existenz der göttlichen Inspiration.

Hier ist noch eine Skizze des menschlichen Körpers mit dem Namen LÖ-WE. Mit dieser neuen Skizze, wird die Zahl 11 die zwei Arme darstellen, während die vertikale Linie in der Mitte sowohl den Kleinbuchstaben „I" als auch den Torso darstellt. Der Strich zwischen LÖ und WE symbolisiert die Schultern.

Notizen

Inhalt